WORK YOUR
# LIGHT
ORACLE CARDS

# 啟動內在光能
## 神諭卡

芮貝卡·坎貝爾（Rebecca Campbell）／著

丹妮爾·諾爾（Danielle Noel）／繪·王培欣／譯

國家圖書館出版品預行編目資料

啟動內在光能神諭卡：連接宇宙靈魂與智慧的源頭，發現你的內在之光 / 芮貝卡・坎貝爾（Rebecca Campbell)）著；丹妮爾・諾爾（Danielle Noel）繪；王培欣翻譯. -- 初版. -- 新北市：大樹林，2021.03
面；　公分. --（自然生活；47）
譯自：Work your light oracle cards

ISBN 978-986-06007-1-1（平裝）

1.占卜

292.96　　　　　　　　　　　　　　　110001213

系列 / 自然生活47
書名 / 啟動內在光能神諭卡：
　　　連接宇宙靈魂與智慧的源頭，發現你的內在之光

作　　者 / 芮貝卡・坎貝爾（Rebecca Campbell）、丹妮爾・諾爾（Danielle Noel）
翻　　譯 / 王培欣
編　　輯 / 王偉婷、陳維岳
排　　版 / 弘道實業有限公司
校　　對 / 12舟
出 版 者 / 大樹林出版社
地　　址 / 235新北市中和區中山路二段530號6樓之1
通訊地址 / 235新北市中和區中正路872號6樓之2
電　　話 / (02) 2222-7270　　　傳　　真 / (02) 2222-1270
網　　站 / www.guidebook.com.tw
E – mail　/ notime.chung@msa.hinet.net
Facebook / www.facebook.com/bigtreebook
總 經 銷 / 知遠文化事業有限公司
地　　址 / 222新北市深坑區北深路三段155巷25號5樓
電　　話 / (02)2664-8800　　　傳　　真 / (02)2664-8801
初　　版 / 2021年3月
WORK YOUR LIGHT ORACLE CARDS
Copyright © 2018 by Rebecca Campbell
Originally published in 2018 by Hay House UK Ltd.

△

# 目錄

### 牌組一：確認卡

## 牌組二：詢問卡

## 牌組三：行動卡

## 牌組四：啟動卡

△

# 歡迎使用啟動內在光能神諭卡

有這麼一個意識場，所有的智慧都存在其中。在那個場域裡，任何窮竟的問題都有答案。過去、現在和未來在那裡並存。

在那裡天地的智慧召喚著你。在那裡你所尋覓的也在尋找著你。所有曾締結的靈魂契約、過往的歷史與靈性指引永不止息地在耳邊低語。你的靈魂之書在那裡開放供你覽閱。

**啟動內在光能神諭卡**是用以協助你與這些智慧連結的創作。它協助你聆聽靈魂的低語、進入這個集體場域、連通並加強你的精神感知能力、使你的生活協調一致，臣服在宇宙的韻律之中。

如果你想要六塊腹肌，就需要鍛鍊身體，你的靈魂也是如此；若想清楚地聽見靈性的低語，就需要親身聆聽！若想要加深與精微世界的聯繫，就要投入更多時間與自己的靈魂在一起；若想要用自己的存在點亮房間，就要每天開啟自己的光；如果希

7

望自己的生活與主宰眾生的神秘力量協同一致，你需要經常運作自己的光。這聽起來似乎很淺顯易懂，但許多人都錯過了。他們把靈性看得很空泛，像某種虛無縹緲的事物。強化直覺力的秘訣就在於有紀律地鍛鍊。當你規律地啟動你內在的光能，你會越來越能夠清楚地聽見自己的直覺。隨著時間的過去，直覺的耳語會越來越大聲，影像變得越來越清晰，而你會開始變得越來越有自信。

當你投入更多時間與你的靈魂在一起，允許靈魂指引你的日常生活時，你會發現自己正在過著和靈魂層面相互一致的生活，這使你能用自己獨特的存在點亮世界，你進入了所有生命的流動之中。你正是透過做自己，來服務這個世界，我稱之為啟動內在光能（working your light），而這副牌卡正是為了幫助你這麼做而創作出來的。

# △

# 你就是神諭

　　**你就是神諭。而你可以直接來到萬物的源頭。**這副神諭卡是來協助你（以及你解讀的對象）增強與直覺的連結，清楚聽見來自靈魂的低語，使你的生活與靈魂層面保持一致，並且進入存在所有智慧的意識領域。通過使用這副神諭卡（啟動內在光能），你與自己靈魂的連結以及與宇宙靈魂、智慧的連結也會越來越強烈。

　　這 44 張神諭卡是加深你與靈魂以及萬物源頭關係的工具。當你使用這副牌卡，試著不要將這當作一個向外尋找答案或指引的過程，**而是邀請你將每張牌視為進入內在指引的門戶**。請將它看作是交通工具，帶你通往等待被揭露的意識旅程。你的直覺力就像身體的任何肌肉一樣；要強化它，就需要鍛鍊它，這就是運作光的意義。而這些牌卡是特別為了協助你與自己的靈魂以及神聖（源頭、神、神性之母、神性之父、宇宙靈魂）建立直接關係而創

作的。

神秘主義者、薩滿和女祭司知道他們唯一的工作就是確保自己的心與宇宙（星辰、月亮與地球）的韻律和諧地跳動，使用**啟動內在光能神諭卡**可以讓你成為重新連結那韻律的媒介。透過使用這副牌卡，你也將臣服於那主宰眾生的神秘力量。

您正在通過自己內心的門戶
進入靈魂空間，
所有智慧、愛、指導和支持都在其中。

這不是一副被動的牌卡。每一張卡片都被設計及導引去觸發行動、記憶、動機，並且與你的靈魂、地球與星辰直接對話。使用這副牌卡，你會發現自己的直覺不斷增強，靈魂的聲音越來越宏亮，你能夠深深地擁抱靈魂層面真實的自己，以及你來此要完成的工作。你的生活將開始輕鬆自然地與宇宙永恆的脈動協同一致。

唯有點與點逐步串聯，最後才能看清輪廓，通常當我們接收到直覺時，它不會附上完整的說明書，而有時候它甚至完全沒有道理。當你接收到直覺時，盡量不要過度分析它們，盡量不要在腦海中

反覆推敲。反之，感謝你的靈魂提供了訊息，並進而請求更多的訊息。遵循自己的直覺，就像跟隨金縷線或黃磚道前進而不去觀望前方的道路。這需要信任，以及信心。

我心中最大的祈願是，你會發現你的確是宇宙、指導靈、天使、源頭、與地球上睿智且古老的智慧守護者彼此間的橋樑。你是星辰（天堂）與地球之間的彩虹橋。他們因為你而共舞。

願這些牌卡給予你一個扎實的結構，去接收所有來自你的靈魂、天使、指導靈、源頭、以及宇宙的指引和突來的直覺，這些訊息就在此刻，等待著你以及你為之解讀的人們。

願這些牌卡開啟、
傳遞並且引導你進入深層的靈魂回憶。
隨著每一次的洗牌和牌陣，
希望它們引領你回到內心最深處的家，
所有你渴望的答案都在那裡永恆地呼喚著你，
叫喚著你的名。

我愛你們，

芮貝卡

# △
# 使用方法

　　這套神諭卡是由 44 張牌卡組成，分成五個不同的牌組，使用它們會協助你接收自己的靈魂智慧、接收能量傳遞，並且真實地運作你內在的光能。每一個牌組都需要不同程度的互動，並且都能使用在個人解讀和為他人解讀上。

　　在使用這些牌卡之前，具備這樣的意圖是很重要的，因為意圖和你的靈魂以及宇宙的靈魂有直接的聯繫。

　　以下是五個不同的牌組：

## 牌組一：確認卡

　　這套牌組會為你的問題提供一個清楚、黑白分明的答案。在所有牌卡中，它們最為直截了當；它們給予快速的即時指引，用意是在任何環境下，都能提供清晰與迅捷。

## 牌組二：詢問卡

帶有詢問提示的牌卡。它們能協助你清楚地聽見自己靈魂的低語，並將它們說出來，允許它們驅動你。往往我們尋求指引，卻忘了發出詢問，或是我們只問一次，卻忘了我們可以持續向我們的靈魂或宇宙尋求更多的訊息。詢問卡組是要真正地強化靈魂的聲音，增強來自直覺低語的音量，並且找出你被召喚去做的事情。你接收到的答案也許起初沒有道理，但不要因此停止這個訊息流，你可以大聲地回答它們，獨自靜思冥想，或與朋友一起思索，或是好好地書寫 20 分鐘，以上都是可行的做法。

## 牌組三：行動卡

提供指引並且激起特定外在行動的牌組。能量上，這些牌卡在驅使某種動作，使你脫離思考，而投入被指引的（通常是身體上的）動作。當我們採取行動，某個情況的能量就可能發生改變──不要低估這樣的力量。

## 牌組四：啟動卡

啟動你或解讀對象的內在能量或療癒力的牌組。這組牌卡都是關於啟動我們靈魂層面的部分，

例如前世締結的靈魂契約、曾經發展的靈性天賦、在過往生命中獲得的前世經驗、靈魂協議、誓約，喚起療癒的部分，以及準備好從內在被憶起並且啟動的素質。這些牌卡都有一個啟動語，可以大聲唸出來，能啟動靈魂的層面。

## 牌組五：傳送卡

這是作為點化和傳送之用的牌組，帶你連結到現在想與之運作的能量。這些牌卡充滿能量，並且將我們與其他支持、智慧、創造力、覺知以及療癒的國度相連結。它們深入天堂與地球，接收細微的訊息，並在細胞層面上下載能量。這個牌組每一張都有一個傳送語，可以大聲唸出來，能幫助你完全接收傳送的能量。

△
# 為他人解讀

　　這副神諭卡是要協助你直接與你的靈魂以及宇宙的靈魂對話。如果你是為別人解讀牌卡，我邀請你也帶領這位解讀的對象這樣做，協助他們連結自己的靈魂，而非只是依靠你「預測未來」。請成為一名光之信使，協助他們的靈魂與內在之光的大門保持敞開。

　　我的直覺以及療癒導師們總是教導我，當客戶和學生不再需要我們時，我們的工作便完成了。我是如此有福接受這樣的教導，而我也想將這個無價的教導傳授給你。我們身為直覺指引者的工作，是要使人們能夠與自身的直覺、靈魂、內在之光以及神性建立直接的關係。這世上有應接不暇的人們在尋求指引，如果你恪遵這條道德守則，那麼將會有更多的機緣來敲你的大門。

　　為他人解讀時，關鍵在於不要涉入其中。在此我的意思是成為一個清晰的服務管道，而非提供你

的個人意見或價值評斷。就像任何療癒工作，我們越是療癒好自己，為他人提供的解讀就越是清晰。

　　正如我在上一節所說的，這套神諭卡包含了五個不同的牌組。運用牌卡上的各種提示，使你所護持的對象能夠深入探索他們的靈魂。當你可能知道答案時，提示他們，給他們空間說出潛伏於意識表層下的低語。


我祈禱這些牌卡能成為媒介，

讓所有接觸它們的人

更深刻地體驗到他們獨特的靈魂。

△
# 神諭調頻方法

以下的調頻是在靈魂層次上與神諭卡連結並與之共振的一種儀式。你可以做這個調頻一次,或當感受到召喚時,就在每次使用牌卡時都做一次。

手持整盒啟動內在光能神諭卡,將它靠近地面(或在你脊椎根部的海底輪上),然後說出以下的句子:

「我呼喚地球的智慧守護者,祂們是
走在我前方的智者,以及地球上有情眾生的英靈。
願這些牌卡能受到
清楚而明智的指引、單純的行動所啟動。
願它們使所有與之接觸的人
都回到祢自如的韻律之中,
我們的宇宙大地之母。」

然後,將神諭卡拿到心的前方。做一個深呼

吸，想像一朵花綻放開來，展現其核心的內在光芒，並且說出以下的句子：

「我開啟了自己以及人類心靈的門戶。
願這副牌卡成為
通往深藏在我心之聖殿的智慧的門廊。
願它們永遠展露心中最深、最純淨
和最有力的祈禱，
以及靈魂對於眾生福祉最大的呼喚。」


之後，將牌卡舉到頭頂上方約八英吋（20公分）高的地方，然後說：

「在每一次使用這副牌卡時，
我將啟動靈魂的國度，以神聖的空間籠罩我。
願這些牌卡讓所有接觸到的人都得到有益於自己
及眾生靈魂最高福祉的事物。
願每一位接觸這副牌卡的人
都能與自己的靈魂以及宇宙發展出深刻的關係。
感謝，感謝，感謝。」

△

# 開啟神聖靈魂空間

在使用這副牌卡之前，我建議先打開並啟動靈魂空間（soul space）。這是我在任何直覺力訓練與心靈教練個案，或在從事教學之前會做的事情。這個開啟靈魂空間的儀式會將你從線性時間（按先後順序排列的時間）轉換為開羅時間（kairos time, 靈魂時間）。這是所有的儀式、典禮、藝術，以及創造力發生的空間。在你想要鼓勵你的靈魂更進一步帶領你的地方，去實際開啟靈魂空間。

我深深相信，用更多的時間與我們的靈魂交流以及開啟神聖空間，我們就會與這個星球的心跳同步。這副牌卡已經被編寫了程序，讓每次使用它時都會啟動你的靈魂空間。你能感覺到嗎？

要開啟神聖的靈魂空間，只需要將你的雙手作祈禱的姿勢放在胸前，了解你的手掌是心輪的延伸，從這裡向內吸氣，想像你的心打開；我喜歡想像一朵美麗柔和的粉紅色玫瑰，像是一朵牡丹在我

的胸腔盛開，花朵中央的明亮光芒隨著每一次新的呼吸變得越來越大。

接下來，將你的雙手以祈禱的姿勢向上舉，來到你的頭頂上方幾英吋的位置，這是你靈魂脈輪所在的位置。靈魂脈輪對你而言是獨一無二的，這個部分的你經歷了累世的旅程，帶著許多智慧與訊息。每個人都有靈魂脈輪，它儲存了前世記憶、靈魂天賦、靈魂契約、協議，以及超越此生的智慧。透過靈魂脈輪，宇宙（源頭）無限的光從上方的天堂照進來；我將靈魂脈輪看作是多面的水晶，經過多世的雕琢、拋光和形塑；來自天堂／源頭的光芒透過我們獨特的多面水晶（靈魂脈輪）閃耀光芒，即便是從我們出生第一次呼吸的那一刻起，我們每個人就是如此地獨特。

雙手以祈禱的姿勢放在靈魂脈輪的位置（頭頂上方幾英吋），深吸一口氣以將靈魂脈輪活化；接著，雙手向身體上方及周圍伸展，想像靈魂的光形成一個神聖的光之斗篷包圍著身體，你的身體被靈魂神聖的光所支撐及籠罩。讓你的雙手在四周遊走，然後在心的位置回到祈禱的姿勢。在此，請花點時間注意啟動這個神聖靈魂空間時所創造的細微能量改變。將它飲下。感覺就像是回到了家。

一旦你為自己或別人使用了這些牌卡，完成啟動內在光能的工作後，就要關閉靈魂空間（或將它帶入內在，讓你不至於在能量上過於開放）。要關閉神聖的靈魂空間，你需要做的就是將原先的程序倒過來做。

從心的位置開始，雙手呈祈禱的姿勢，讓雙手向下來到你的海底輪，然後用雙手收回在身體周圍的神聖靈魂斗篷，最後雙手在頭頂以祈禱的姿勢會合。

接下來，將雙手下降在心前做祈禱手勢，在繼續你的一天之前，用一點時間感謝自己的靈魂。

# △

# 運用牌陣

　　這裡介紹一些可供運用的牌陣。你可以依據自己擁有多少時間，以及尋求指引的類型，或是你協助解讀或探詢的對象，選擇最適合的牌陣。

### 即時指引（一張牌卡的陣型）

　　這個單張牌卡的解讀，適合在你需要立即的指引，或是快速啟動你的內在光能的時機。

1. 洗牌。

2. 發自內心地詢問你的問題。

　　我會把問題／祈禱文放在心中，想像它發出光亮。

3. 將牌卡分成三疊，再以任意的順序將它們收回成一疊。

4. 將牌卡在你面前展開，然後選擇一張卡片。

5. 觀察這張牌卡，讓它的指引顯現出來。

## 靈魂召喚（兩張牌卡的陣型）

靈魂召喚（Soul Calling）牌陣是與你的靈魂進行對話的絕佳選擇。這個兩張牌卡的配置將清楚地指出你的靈魂呼喚你前進的方向。

1. 洗牌。
2. 發自內心地詢問你的問題。

   我喜歡將問題／祈禱文放在心中，想像它發出光亮。
3. 將牌卡分成三疊，再以任意的順序將它們收回成一疊。
4. 將牌卡在你的面前展開，讓自己被其中兩張卡片吸引。將這兩張卡片正面朝下放在你的面前。
5. 將其餘牌卡放在一邊，然後把所選的兩張卡打開。
6. 第一張牌代表即將離去的事物。
7. 第二張牌代表正在你內在浮現的事物。


## 三位一體（三張牌卡的陣型）

三位一體（Holy Trinity）是一種很棒的三張牌配置，可用來檢視你的頭腦、身體和心。

1. 洗牌。

2. 發自內心地詢問你的問題。

   我喜歡將問題／祈禱文放在心中，想像它發出光亮。

3. 將牌卡分成三疊，再以任意的順序將它們收回成一疊。

4. 將所有的牌卡在你面前攤開，並讓自己被其中三張牌吸引。抽取三張牌，並將它們面朝下排列成三角形。第一張放在三角形左下，第二張放置在右下，第三張則放在頂部。

5. 將其餘牌卡放在一邊，然後將所選的三張卡打開。

6. 第一張牌代表頭腦。

7. 第二張牌代表身體。

8. 第三張牌代表心。

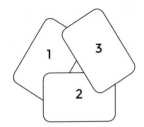

三位一體（三張牌卡的牌陣）

## 決策者

決策者（Decision-maker）牌陣的配置非常適合協助你做出決定，或感受每條潛在路徑的可能結果。

首先考慮您的問題，然後在不同的便籤或紙條上，寫下每個不同的選項或可能的決定。

將紙條折起來，然後打散它們，直到你無法辨識哪一張紙條是代表哪一個選項。接下來，將神諭卡洗牌，同時將你的問題注入牌卡中。在你準備好時，為每張紙條選擇一張牌卡。

將其餘的牌卡放在一邊，打開每張紙條，並且打開為每個選項所選的卡片。為每個選項所選擇的牌卡，都是每個決定可能的結果。

## 宇宙大十字（11 張牌卡的陣型）

宇宙大十字（Cosmic Cross）的牌陣非常適合用在需要更詳細的指引時。

1. 發自內心地詢問你的問題。

    我會將問題／祈禱文放在心中，想像它發出光亮。

2. 洗牌，將牌卡分成三疊，再以任意的順序將它們收回成一疊。

3. 將牌卡在你面前攤開，讓自己被其中 11 張紙牌吸引。請依次抽出它們，並依照順序將其放置在宇宙大十字陣型中，如下所示：

- 位置 1：你現在的位置
- 位置 2：你的靈魂正在召喚你做什麼
- 位置 3：你的內在正在浮現的事物
- 位置 4：正在離開的事物
- 位置 5：靈魂天賦
- 位置 6：什麼被顯化出來
- 位置 7：下一步
- 位置 8：前世的影響
- 位置 9：你需要知道什麼
- 位置 10：希望與恐懼
- 位置 11：可能的結果

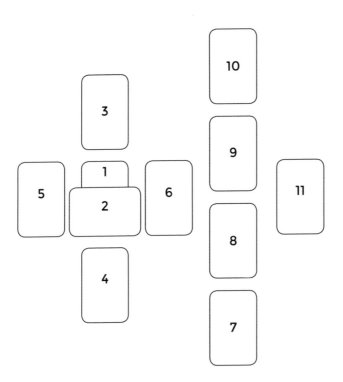

牌組一

# CONFIRMATION
# CARDS

確認卡

△

# 永生的玫瑰
## THE EVER-UNFOLDING ROSE

破開。這是為你而發生，而非衝你而來的。

　　這個生命的挑戰是在你極欲關閉心門的時候，前來讓你的心保持敞開。讓生活破開你，透過傷痛和失落敲開你，容許正在崩塌的事物離去。

　　作為人是需要勇氣的，一個活出完整的生命總是充斥著失落與悲劇，同樣也充滿著勝利與冒險。無論你此刻身在何處，生命會引領你將心打開，無論那有多麼痛苦；請持續不斷的綻放，允許生命敲

開你的核心。

也許此刻你正在經歷一個困難的時期。與其埋怨困難，不如將它視為一個祝福。向這個真理開放，這也許很難，但人生挑戰是為了你而發生，不是衝你而來的。在不遠的未來，你會祝福那個將你擊碎、破開的事物，因為這個世界需要你綻放如花。

現在是溫柔行事的時候。請待自己有如柔軟、甜美的嬰兒，彷彿將自己包裹在毛毯裡，相信神性之母已經將你懷抱在她的雙臂之中。大海不會永遠平靜無波，但你是安全並且受到支持的。在不久之後的某一天，你將有機會回顧這次的蛻變，並為這首生命的詩篇大感驚嘆。一切都會變好的。


### 啟動內在光能

一切都會變好的。允許它敲開你的核心。

# 否
# NO

等待、延後、暫停、說不。

　　你被要求暫時停下或是明確說「不（No）」。對和你不對頻的事情說「是（Yes）」，會耗盡你的能量與時間。請等待一個百分之百全然與你相符的「是」吧。

　　我們經常為了做出決定而尋求指引，卻常因設想不周莽撞行事而深感挫折。然而，時機就是一切，而沒有收到清楚的指引本身就是一個指引。我們都曾經歷所謂的「等待期」，這些時期對我們身

體的再生、新道路的形成，以及宇宙為了我們的益處而創造等都是至關重要的，你不需要一直披荊斬棘地努力前進。在時機正確時，一個全然的「是（Yes）」會帶著你快速前進。此刻不要強迫事情進展，只因為它看似是唯一的辦法。請深呼吸，等待吧！

　　事實上，等待是非常有效率的行為，因為當行動的時間來到，你會準備好起身投入。利用這個時間重振旗鼓，好好思考什麼是你真正想要的；考慮這些選項，如果它們並不是很明確，不要害怕，因為這段時間是一份禮物；運用它來滋養你內在的花園，好好休息；從忙碌的生活中抽空來清理雜務，為未來做準備；因為當春天到來時，明晰將會綻放，而你早已做好準備、擁有空間及動力說「是」，並得以迅速地採取行動。


### 啟動內在光能
説不、推遲，或等待。

# △
## 是
# YES

只要説是。

是的。是的。是的。是的。是的。是的。是的。
是的。是的。是的。是的。是的。是的。是的。
是的。是的。是的。是的。是的。是的。是的。
是的。是的。是的。是的。是的。是的。是的。
是的。是的。是的。是的。是的。是的。是的。
是的。是的。是的。是的。是的。是的。是的。
是的。是的。是的。是的。是的。是的。是的。

是的。是的。是的。是的。是的。是的。是的。
是的。是的。是的。是的。是的。是的。是的。
是的。是的。是的。是的。是的。是的。是的。
是的。是的。是的。是的。是的。是的。是的。﹑
是的。是的。是的。是的。是的。是的。是的。
是的。是的。是的。是的。是的。是的。是的。
是的。是的。是的。是的。是的。是的。是的。
是的。是的。是的。是的。是的。是的。是的。
是的。是的。是的。是的。是的。是的。是的。
是的。是的。是的。是的。是的。是的。是的。
是的。是的。是的。是的。是的。是的。是的。
是的。是的。是的。是的。是的。是的。是的。
是的。是的。是的。是的。是的。是的。是的。
是的。是的。是的。是的。是的。是的。是的。
是的。是的。是的。是的。是的。是的。是的。
是的。是的。是的。是的。是的。是的。是的。
是的。是的。是的。是的。是的。是的。是的。
是的。是的。是的。是的。是的。是的。是的。

## 啟動內在光能

不要想太多。只要說是（Yes）。

△

# 你已經在做了
# YOU'RE ALREADY DOING IT

停止過度思考，繼續朝向你的真實目標。

　　不要對事情懷抱這麼多懷疑，你已經走在正軌上，朝著正確的途徑邁進。不要想太多，事情正在發生，而你比自己想像的還要接近目標。

　　你就在正確的位置上，而事情正在以完美的速度進展中。不要催趕它，現在不是沒耐性的時候，而是穩踩步伐的時刻。別躁進，你所建構的事物正在成形，你所種下的很快就會開花。每個新的一

天，都有一塊新的磚頭被砌上。你已經走了這麼遠，根基已是穩固的了；現在你需要的，只是信任並且繼續往前。

如果你浮現了「事情應該更快一點」的念頭，那是自我在拿你的發展和別人做比較。比較不是你的朋友，請留在自己的道路上，澆灌你的花園，知道你盛開的時刻很快就會到來。

### 啟動內在光能

你已經在做了，請繼續進行。

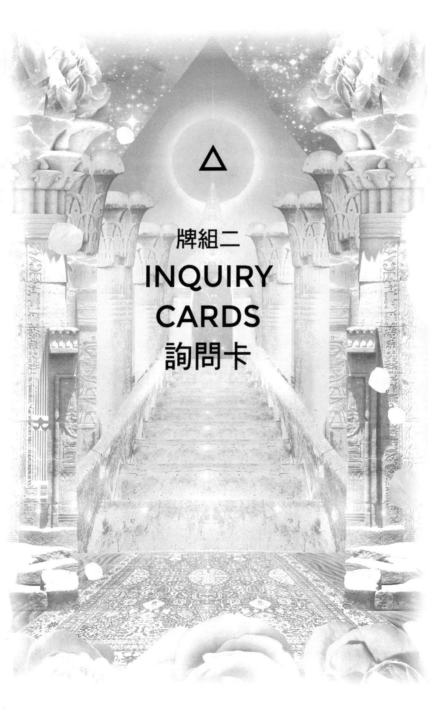

牌組二
# INQUIRY
# CARDS
詢問卡

△
ALIGN YOUR LIFE
What is not aligned or needs to change?

△

# 校準你的生活
# ALIGN YOUR LIFE

## 有什麼是不一致或需要改變的？

在你的生活中，有什麼事物不再與你真實的自我相符？我們是週期性的存有，處於持續的改變、演進和成長的狀態中。改變是生命中唯一確定不變的事，當你抗拒你的自然週期，你是在抗拒生活，而且還會感到坐困愁城。

我們許多人都試著要去成為這個世界要我們成為的人。但我們總有一天終將面臨，牢牢緊抓著門

面遠比擁抱真實的自己還要困難的時刻。請臣服於我們本身的改變，讓生活與那樣的狀態協同一致。

　　如果你抽到這張牌卡，你被提醒要放下過去的自己，或是放下你曾經用以定義自己的事物——工作、關係、還有你戴上的面具，現在就擁抱真實的自己吧。帶著勇氣真實地成為你來此生所要成為的人。擁抱你的怪異與獨特。

　　也許你已經不再適合一段關係或是一個環境；這是你重新評估，將生活中的每個部分重新校準，以讓它們和今天的你保持一致的時候。

### 啟動內在光能：詢問

在生活中有什麼是不一致或需要改變的？

△

# 回應召喚
# ANSWER THE CALL

### 你的靈魂在召喚你去做什麼呢？

　　你的指引是受到神聖所引導。你被請求回應靈魂的召喚；這可能很嚇人，也可能沒有道理，但如果你信任自己靈魂的渴望，你將會展開一個超乎頭腦所能想像的生活。回應靈魂的召喚不是一次性的事，而是一場終身的舞蹈。在內心深處，你已經知道自己的渴望是什麼，你的靈魂想要的是什麼。

　　無論你被請求去做什麼，那都是你的召喚。不

要想太多，不要等待允許，只要說「是」。大多數人都會在踏出第一步之前，等待著一個逐步詳細的計畫，但直覺並不是這樣運作的。回應靈魂的召喚需要信心和勇氣，而這也是為什麼大多數的人沒有去做的原因，然而你並不屬於大多數的人。

　　你現在就在回應召喚的正確位置上。你不需要知道全盤的計畫，甚至不需要知道這將帶領你前往何方，你只需要跨出下一步。從來沒有任何人擁有完整、完美的計畫。沒有最終的目的地，沒有正確或錯誤的方法，而你也不需要任何人的允許。有時候，我們越是抗拒回應靈魂的召喚，這對我們靈魂的成長就越是重要。


### 啟動內在光能：詢問
你的靈魂在召喚你去做什麼呢？

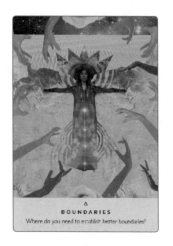

△
BOUNDARIES
Where do you need to establish better boundaries?

## △
## 界線
## BOUNDARIES

你需要在哪裡建立更清楚的界線？

你正被提醒在生活中建立更清楚的界線，這可能發生在你的朋友、家人或工作之中。當你其實想說「不（No）」的時候說了「是（Yes）」會導致怨恨，這是很大的能量耗竭。起初這狀況可能只出現一兩次，覺得這也不算什麼大事，但在你發現不對勁之前，你的能量場就已經出現破口，最後只剩下耗竭、怨恨或被佔便宜的感覺。

　　說「不」並設有清楚的界線，本身其實是一種靈性的行為。最樂於給予、充滿愛、富有慈悲的人，是那些擁有最清楚界線的人，因為當他們說「是」時，他們就可以無條件的給予。

　　當你的界線更加清楚時，其他人會知道如何自處，而你也能夠自在地給予；如果你不清楚自己的界線，就會引發混亂、不滿，並且會結下依附的能量索。

　　如果你在自己意下為「不」的時候說「是」，那麼很可能你自己也有所求。請問問你自己，哪個部分的我「需要」他們的某種東西？這可能是想要得到認同、害怕以某種方式被看待，或是害怕失去。

　　檢測自己的界線最好的方法，就是去查看你的腹部。腹部是第二個大腦，它具有被稱為「直覺」（gut feeling）的智能。在判斷一件事對你而言是否真的「可以」的時候，請聽取這個區域，它的感覺如何？它正試圖告訴你什麼呢？


### 啟動內在光能：詢問

在你的生活中有什麼地方需要建立更清晰的界線？

△

# 崩解
# THE CRUMBLING

你在緊抓著什麼呢？

　　此刻正在發生改變，任何不真實的事物都無法繼續留存。關係、工作、社會結構、任何建立在搖晃基礎上的事物，注定會崩解；崩解的發生是要帶你回到真實的本性（包括個人還有整體社會），因此你可以過著與真實的自己相符的生活。當你有如置身在五里霧中，會感覺這像是宇宙刻意針對你進行的攻擊。要有信心，因為這個困難的時期將是你

的決定性時刻。你會浴火重生的。

　　你正收到臣服的召喚，不要再試圖維持一切，放鬆你緊抓的手，允許崩解發生。一開始可能很艱難，但是，你越是及早放手，重生就越早發生。你在試圖維持什麼？你正在盡全力避免什麼？你是怎樣裝作一切都很好？

　　你具備任由崩解中的事物坍塌所需要的條件。一旦樓塔傾倒，你就能夠在堅實的土地上重建家園，再度擁有穩固的地基和每日早晨令人屏息的壯麗美景。毀滅女神卡莉（Kali）以及黑色聖母（Black Madonna）正與你同在。請將一切置放在她們的祭壇上，她們會護持一切。

### 啟動內在光能：詢問

你在緊抓著什麼，只因為
害怕沒有別的事物能取代它？

△

# 不要為了迎合而削弱你的光
# DON'T DIM TO FIT IN

你是如何削弱自己的光來迎合旁人的呢？

　　不要削弱自己的光去迎合別人的渺小，我們生來就是要大展光芒的。宇宙正在擴展，而你是宇宙的一部份，因此擴展就是你的天性。

　　若是有人讓你退卻，你只需注意到這一點，並且慢慢的退開；他們不適合你，而你也不適合他們。更好的是，你會找到自己內在的光，無論如何都要擴展並閃耀你的光芒。花朵並不會為了誰經過

而綻開或閉合，它們無論如何都會開放展現它們的美麗。

如果人們不想在你周圍，或你讓他們不自在，這是因為你正照亮了他們埋沒自己的事實。藉由選擇展現光芒，你也許會啟發他們也點亮自己的光，或者不會。但無論如何，都要繼續保持你的光亮。

所有的關係在本質上都是能量上的協議。當一個人決定開始起身來彰顯他的光，這會改變能量上的協議，並可能創造新的振動波幅，這是完全正常的。

那些持續下去的關係會適應這個能量變化，而其他的關係則不會，因為它們可能是在「我愛你，只要你的光沒有我耀眼。」這樣的前提下誕生的。不過沒關係，並非所有人都會永遠留在你的生活中，但他們教給我們的課題仍然會留存下來。


### 啟動內在光能：詢問

你是如何削弱自己的光來迎合旁人的呢？

△

# 鏡子
## MIRROR

什麼人或什麼事正在觸動你？

　　個人經驗的過濾機制決定了我們會如何體驗
90％ 的人生。透過我們自身的投射，當有人使我
們想起了尚未痊癒的經歷，我們就會被觸動，通常
是一件沒有被意識到的事情。

　　人物與情境會觸發我們的鏡子，反射出自己對
於生命、宇宙以及自我的真實信念。鏡子會指出我
們的陰暗與光明面，也會揭示我們還未被接受、被

看見和被愛的部分。

　　這張牌引導你仔細地檢視，是什麼經驗或人物正在觸動你，而他們可能在向你反映著什麼。你曾經有過這樣的感覺嗎？這會是療癒內在某件事的契機嗎？或者，它們是否照亮了某件在你之內渴望被看見的事物呢？

　　這適用於好與壞的情境。好的：是指那些我們所仰慕和奉為楷模的人；如果我們沒有認知到自己受他們吸引，那是因為我們與他們擁有相同的特質，而我們會需要贏過他們才能達到他們的層次。壞的：是指那些我們鄙視、嫉妒和貶低的人；如果我們不明白別人所挑動的實為我們內在尚未癒合的地方，那麼我們就會停留在繼續受苦與傷害自己的狀態。

### 啟動內在光能：詢問

什麼人或什麼事正在觸動你？

它們觸動了你內在的什麼？

哪個部分的你渴望被看見？

△
# 女祭司
## PRIESTESS

你是如何受到召喚進而挺身領導的呢？

　　女祭司是致力於服務、自由和領導力的老師。你不需要具備一切條件才能領導，事實上，如果你有所欠缺反而會有幫助，因為沒有人想要一個從不犯錯的完美天使。

　　讓你的生活本身成為你想傳遞的訊息吧。不要低估分享自身故事的力量；藉著聆聽人們的旅程，我們會感覺不再那樣孤獨，我們會明白事實上，我

們全都置身在這個被稱為所謂的「生活」裡。

　　追隨者與領導者間的差別，在於領導者具有先行的勇氣。跨出一步的同時，他們也為其他人照亮前進的道路。不要拘泥在找出誰是你的靈魂部族，不要執著於年齡、收入、嗜好，或職業。發現你的同類最好的方式是去照鏡子。如果你覺得受到召喚去領導，有可能是因為在生命中的某個時刻，你渴望有別人來領導你。

　　你的靈魂部族也與你過去（和現在）一樣渴望著完全相同的事物，他們可能就在你身後的一步之遙。甚至，他們可能就在你身邊。你不需要任何人的允許，只需要有挺身而出的勇氣。擁抱你的掙扎、高峰與低谷吧。你不需要知道方法，只需要相信前方會有不同的道路可走。

　　你的靈魂部族正在等待著你。挺身而出，讓他們找到你吧。


### 啟動內在光能：詢問

你是如何受到召喚進而挺身領導的呢？

你要如何成為你希望的領袖？

△

# 星辰之母
# STAR MOTHER

## 你如何像母親般撫育自己？

　　你擁有的遠比自己想像的更多。你是如此地被深愛與珍惜，如果你早點知道的話，就不會浪費生命的任何一秒鐘在分離、擔憂或恐懼之中。

　　讓星辰之母提起你的重擔；讓她帶走你的恐懼。將所有擔憂、後悔、羞恥和罪惡感放在她的祭壇上。拜託你，我親愛的孩子，請不要害怕。你是運行中的愛，如果你允許這份愛，你就被療癒了。

讓她喚醒你的良善，讓她的愛抹去你所有的恐懼。

　　你去愛和擁抱他人的能力，受限於你去愛和擁抱自己的能力。用慈悲對待你甜美的身體、心智與靈魂，猶如對待美麗的心靈一樣地善待自己，因為你真的就是。提醒自己你已盡力而為，別再試著獨自挑起所有的責任。

　　你做得到，而星辰之母支持著你。讓她寬闊的雙臂帶走你的負擔；讓她從你的肩膀卸下這個世界的重量。原諒自己吧，我親愛甜美的地球兒女。

### 啟動內在光能：詢問

你如何像母親般撫育自己？

△

# 星光種子
## STARSEED

### 是什麼使你閃耀光彩？

　　星光種子是具有雙重任務的靈魂：提高他們自身的意識，以及地球的意識。他們是古老的靈魂，曾經在這個星球以外的地方轉世。

　　許多星光種子到達地球時，都會有來日不多的感覺，而他們來此還有許多要去做、創作或貢獻的事情。如果你抽到這張牌卡，這確認了你是星光種子，並且鼓勵你回應這個召喚，跟隨那使你閃耀光

彩的事物。

　　一旦覺醒，大多數的星光種子將無法再進行無意義的對話、工作和人際關係。他們天生就知道生命不僅止於此，並且感覺到「還有更多的東西」可以做。他們會持續不安，直到肩負起他們的使命，也就是用他們獨特的存在點亮這個世界。

　　星光種子散佈在這個星球上。在醫院和學校中、在貧民窟和大樓裡、在舞台上和編輯室裡、在公園和夜店裡、在計程車和主題公園裡。很多星光種子耗費許多時間在適應生活，或是以某種形式躲藏在靈性的衣櫃裡。如果你為了適應其中而削弱自己的光，這是你停下來並開始擁抱自身獨特光芒的時候。把地球上的時光當作是一場愉快的假期吧。

### 啟動內在光能：詢問
是什麼使你閃耀光彩？

△

# 信任不安感
# TRUST THE NIGGLE

這個不安的感覺在試著告訴你什麼？

　　那個令人不安的感覺。就是那份惱人、煩躁的感受，那種令人騷亂、生厭、憂心的感受。請盡可能地感受它，它一直在那裡，不會突然跑掉的。

　　大多數的人長年忽視自己不安的感受，用頑固、自我和事後的合理化去麻痺那種感受，這是非常累人的。直到你面對這個不安以前，生活會繼續丟給你更多誘因好讓你覺醒，吸引你去注意內在即

將迸發出來的光。這份不安感是指出阻礙你前進之事物的箭頭——可能是一段關係、一場對話、一個決定、需要做出的改變，甚或是鞋子裡的絆腳石。

常常，我們會先感覺到自己身體上的不安。許多人認為直覺是某種來自更高領域的東西，但是事實上身體是很有直覺力的，會透過我們的感官傳遞訊息的振動頻率。每天只需要花一點時間掃描檢查你的身體，就能接收到直覺的智慧，協助你迅速地採取行動。

你被提醒去面對這個不安感。如果不去面對它，宇宙會拋來更大或更明顯的事物到你的道路上。然後，你可能會後悔自己沒有在最初回應這份不安。我知道這很嚇人，然而你是安全的。

請現在就回應你的不安感。


## 啟動內在光能：詢問
你的不安正試著告訴你什麼呢？

△

# 信任你的道路
## TRUST YOUR PATH

若你知道自己被支持著，你會怎麼做？

　　宇宙正在秘密地謀劃，請繼續面對你真實的目標。你的工作不在為後人鋪路，而是單純地面對自己的方向，一步一步地向前走。如果你這麼做，就不可能走錯。

　　宇宙正在秘密地謀劃。不要搖擺不定或心存懷疑，你的心就是羅盤，請依此一步接著一步地往下走。如果你跟隨那些使你歡欣喜悅的無形徵兆，你

便可毫不費力地點亮這個世界。

多數的人不去跟隨他們靈魂的最高呼喚，是因為他們想在邁出第一步之前就看見終點。如果你每天邁出一小步，一年之內你將朝著希望的方向邁出 365 步；如果你想寫一本書，每天都寫一頁；如果你想改變職業，請每天為此做一件事。在不知不覺中，從現在開始的短短一年內，你會回過頭來，驚嘆自己已經走了這麼遠。請繼續前進，向全新的支持與接納敞開吧。

事情不會完全按照計畫進行，但如果你保有芥子般的信心並繼續實踐，它們的運作甚至會超乎想像的好。別試圖控制宇宙；請信任你的道路，讓你的靈魂引路吧。

### 啟動內在光能：詢問
如果你知道自己無論如何都被支持著，
你會怎麼做呢？

△

# 女戰士
## WARRIOR WOMAN

### 你是否回應了內心最深處的呼喚？

　　你出現在此是有理由的，而你受到召喚要大刀闊斧地為前方鋪路。你是否回應了自己最高與最深的使命？過著以心及靈魂為主導的生活並非都是浪漫和一帆風順的。過著以心靈為主導的生活，需要以勇氣戰勝恐懼。

　　恐懼往往就是我們最大天賦的守門人。我們越是抗拒回應召喚，它對我們的靈性成長就越是重

要。有時候恐懼是我們正走在正確道路上的一種跡象。

聖女貞德（Joan of Arc）的勇氣和名言廣為人知：「我不畏懼，我為此而生。（I'm not afraid, I was born to do this.）」但在勇氣的事跡當中，不可能完全沒有恐懼；因此，如果你感覺害怕，你所需要的是勇氣，而勇氣則來自於發自內心的生活。

將你的恐懼視為擴展的機會，而不是一種羈絆自己的事物。如果你從這個角度看待恐懼，那麼無論你有多麼不舒服，這實際上都是你走在正確道路上的徵兆。

### 啟動內在光能：詢問

你是否回應了內心最深處的呼喚？

△

牌組三
ACTION
CARDS
行動卡

## △
# 打破鎖鍊
# BREAK THE CHAIN

### 祖先的模式、療癒、改寫未來。

　　你被提醒去療癒你的家族體系，或讓自己從祖先的生活型態中解脫，這可能是指釋放母系或父系的舊模式。療癒那甚至不是源自於你過去的創傷，或是觀察不再有益於你的舊生活方式。

　　我們的光場中攜帶著上溯七代的情緒創傷，這就是為什麼家族模式可能是最難被打破的。通常，它們甚至不是由我們所起頭，但我們並不知道其他

的生活方式，因此我們持續上演著相同的劇碼。

　　當祖先療癒的議題浮現時，需要注意的是：你此時無法療癒其他人，但你自身的療癒會引發另一個人也選擇去療癒。能量正在釋放，你此刻正受到指引去審視當前的生活，並決定你將來希望過的生活。你準備從什麼樣的生活方式或模式之中解放自己？你想要改寫自己未來的哪一部份？現在是擺脫過去，去夢想一個全新未來的時候了。


### 啟動內在光能：行動

你準備放下哪些來自家族世代的舊模式？

向你的支持團隊（靈魂部族、朋友、

治療師、教練等）

尋求協助，開始從中釋放自己。

## △
## 與生命共舞
## DANCE WITH LIFE

做一些事情改變你的能量。

　　生命永遠在移動。如果你抵抗這千變萬化之流，你的能量將會停滯，而你會脫離宇宙之流。宇宙具有一種神秘的智能、一種自然的韻律，影響著所有的生命。改變你的能量、頻率和振波最好的方式之一，就是跟隨音樂一起跳舞。

　　當我們盡情地跳舞時，我們的靈魂會接管一切；隨著每一次新的跳動、搖擺和踢步，我們之後

的生活將會盪回到和諧之中。

　　做一些改變振波的事情，讓自己跳脫現有的瓶頸。放一點音樂，盡情地跳舞，沉浸在生命的振動頻率之中。當你這麼做，你的身體將開始學習如何依據直覺而移動；直覺和全身的脈動是相連的。

　　如果你不喜歡跳舞，那麼只要做一些平常不會做的事來改變能量即可。你無法用創造問題的相同思路來解決問題，也無法不先改變能量狀態而得到不同的經驗。這是做些改變並找到方式與生命的節拍共舞的時刻。

### 啟動內在光能：行動
做一些事情改變你的能量。

DEEP REPLENISHMENT

Retreat. Rest. Be held.

△

## 深度的補給
# DEEP REPLENISHMENT

僻靜、休息、被支持。

　　你所能做到最無私的事，就是注滿自己內在的井。當我們油料只剩一半，我們會下意識地看向周圍的人事物，尋求我們深深渴望的滋養和照顧。

　　沒有草木能在貧瘠的土地上生長，如果你餓著肚子工作，對任何人都不會有幫助。陰性能量是慷慨、多產且富足的，在你必須給予更多的時候，請看顧你的井。

　　如果你內在的井不是滿的，你會發現自己會渴望用外在世界的事物來填補。去尋找我們沒有給予自己的土壤和養分，是我們身體的本能。

　　什麼東西能夠滋養你？什麼能補充你身體的能量？什麼是你靈魂的甘露？什麼能讓你復活重生？什麼是你的靈丹妙藥？什麼會讓你感覺豐盛富饒？洋溢生命力？

　　這可能是園藝、插花、按摩、使用頂級的精油、窩在沙發上、健行、啜飲一口最喜歡的咖啡、加入女性的圈子、閱讀關於聖地的訊息、恣意的單車遊、在海灘上漫步，或是陰瑜珈。

　　滋養你的事物就是你的良藥。當你給予自己所需要的滋養良藥後，你就會有餘裕滋養周圍所有的人。

### 啟動內在光能：行動

今天就做點什麼來為自己進行深度補給。

△
# 扎根
# GET GROUNDED

共感人、高度敏感、連結自然。

　　你被要求要向下扎根。請確保你的光場清明，而你的內在之井是飽滿的。如果你沒有扎根，會非常容易混入其他人的能量，並誤以為那可能也是自己的。當你吸收了周圍的能量，開始對區分自己與他人的振動感到費力時，你的界線將會變得模糊不清。

　　如果你抽到這張牌，你很有可能是共感人或高

度敏感的人，而你需要時間獨處來補充你的靈魂之井、平衡能量，重新獲得扎根。在此列舉兩種類型的人：從別人那裡抽取能量的人，還有從自己內在汲取能量的人。請反思自己是哪一種類型，每天都抽出時間確保你的井是補滿的。敏感是一種超能力，但就像所有的力量，都需要悉心滋養才能完全展現。

被捲進這個星球周圍的高頻能量，是很容易發生的事。從你的能量場中清除它們最快而有效的方式，便是透過連結大地之母來使自己扎根。

扎根的方式有很多；最強而有力的方式之一，就是練習連接大地之母的力量來接地。多花時間在大自然之中，把雙手放在樹上（你的手掌是心輪的延伸）或赤腳走在土地上。

### 啟動內在光能：行動

做些事情來扎根，並且與大地連結。

△

# 點化
# THE INITIATION

通過儀禮、跨越門檻。

有一些最為神聖的點化室和神殿，從外觀上看起來很駭人，但內部卻美得令人屏息。這體現了動身啟程至某個神聖處所的靈魂朝聖之旅，但只有經過點化的人才能進入，也許這正是你現在的處境。你正在接受測試、點化，因為你將要前往某個神聖之所。

點化需要我們跨越門檻，從一個世界或狀態進

入下一個。我們被要求面對自己恐懼的事物，並且願意失去一切，以獲得安全、保障、深度及意義上嶄新的存有方式。

點化，例如成年禮，就像標記從一個年齡進入下一個階段的轉變，這件事也可能出於情緒的混亂、巨大的損失、遭逢傷痛或災難而發生。

但正是通過這個艱困的狀況，我們的心扉才得以開啟，讓我們的靈性得到挹注而向上提升。這趟神聖的旅程協助我們轉往探尋我們是誰，我們來此要成為誰。這可能令人痛苦或害怕，但一旦我們開始這場旅程，我們可以比從前更能做自己。

如果你正在點化的過程中，你將會通過它，而這天很快就會到來，你會祝福這些曾擊倒你、使你崩解的事物，因為這個世界需要你敞開。你會到達某個神聖之所。這是趟值得的旅程，而你已經比自己想像的還要接近。

### 啟動內在光能：行動
通過儀禮、跨越門檻。

△

# 內在聖殿
# INNER TEMPLE

奉獻、貼近你的心門。

你正受到召喚成為一個虔敬的學生，開始貼近你的心門，將真實的靈性奉獻融入你的生活。你可能被召喚培養規律的冥想、寫日記或持誦，或是經常與靈魂連結。去培養日常的練習，讓你可以補充靈魂之井的水源，也得以讓你有時間陪伴自己的靈魂。

所有你探詢的答案都在你的心門之中等待著

你。但是，除非你每天抽出時間去傾聽，不然是聽不到它們的聲音的。你的靈魂渴望與你建立深厚的關係，因此，你越是多花時間與之相處，它就越能清楚地指引你。

我們來此是為了讓靈魂成長。地球是一個靈魂學習的大遊樂場，你正受到召喚加深靈魂的成長，或是透過成為一個繼承傳統的學生或靈性導師來強化你奉獻的精神。

如果你已是一位盡職的學生，那麼你在靈性上的奉獻是受到讚許的。指導靈希望你知道他們是多麼為你感到驕傲，而那些奉獻的時光則是無價的。

如果你對自己的事業或生命道路有所質疑，你的指導靈希望你將焦點轉向奉獻並這樣祈禱：「請以讓我的頭腦、身體、以及靈魂快樂的方式使用我。願我的生命成為一個巨大的行動禱詞。」

### 啟動內在光能：行動

每天都致力於靈性奉獻的練習。

## △
# 縱身一躍
# LEAP

### 你先行，宇宙會接住你。

　　勇往直前。宇宙想要支持你，但首先你需要縱身一躍，將你的命運拋入未知中。

　　或許你知道自己要向前跳躍（或跳開）卻害怕行動；或者，也許你在等待一個強大的訊號、一個指示，或是一個去做的許可。如果是這樣的話，那麼這張牌就是你的訊號和許可證。請做個深呼吸，躍進未知的世界吧。

　　放掉所有的已知，而去期望某件新事物是很嚇人的；對放掉已知事物的念頭感到焦慮其實很正常，這是成長不可避免的過程。而此刻，這正是你要過的生活方式。

　　大自然不停地向我們示範如何帶著勇氣生活。秋天每年都會來臨，鼓勵著樹木放鬆他們緊抓的莖蔓，允許那些曾經充滿生機的枝葉一片一片地紛紛掉落；有一段時間，感覺像是一切都停止了生長，枝幹光禿禿的，曾有過的舒適消逝無存。但是當春天的早晨來臨，新芽驟然冒出，新事物開始誕生，甚至會比從前更加美麗奪目。


## 啟動內在光能：行動

你先行，請好好地加速助跑、起跳吧。

△
PLAY
I love fun. Celebrate. Don't be so serious.

# △
# 玩耍
## PLAY

玩得開心、慶祝、不要如此嚴肅。

停止將生命看待得如此嚴肅，你的靈魂需要一些樂趣。你越是玩耍，靈感越是源源不絕而來。花點時間去做某件事，不要執著於結果。

你被提醒要休息和玩耍，學著找到更多的樂趣。做些讓你大笑的事情——笑是你最好的良藥。你也可以打電話給一個能和你一起做蠢事的朋友、和你的內在小孩約會。你越是關掉自己的頭腦，你

的靈魂越有空間輕聲低語並引導你。當我們做事不執著於結果時，構想、明晰、指引和解決方案就有空間進入。讓大腦左右半球可以開始互相交談，讓玩耍成為你每天的必修課，現在就將它排進課表吧。

花更多時間去做只因為你喜歡而去做的事，它們將帶給你喜悅，讓你容光煥發。跟隨讓你閃耀光彩的事物，你將會毫不費力地照亮整個世界。當你歡欣喜悅，你就在靈性之中，而當你在靈性之中，你就融入了生命之流。

你會怎麼玩耍呢？會做些什麼事來得到樂趣？什麼事情能讓你閃耀光彩？

如果你最近曾辛勤地工作，是時候慶祝你已經走了這麼遠——你已經抵達目的地了。不要急著去做下一件事，花時間開個派對、度個假，或是找點樂子吧。

**啟動內在光能：行動**

找到更多樂趣、玩得更開心。

慶祝你的成就。

## △
# 分享你的聲音
# SHARE YOUR VOICE

### 不再沉默、迫害、表達。

　　你正受到召喚去分享你的聲音，或許是透過在人際關係中直言不諱，或是透過寫作、演説、歌唱或其他創意表達的形式。

　　我們的內心深處都有一個渴望表達的真理。經由累世的雕琢，你靈魂的聲音是他人所無法比擬的；它帶著唯有透過靈魂歷史與成長才能獲得的智慧，透過憶起、深入挖掘和表達這個獨特的聲音，

我們不僅療癒了自己，也大大地療癒了這個星球。

　　當你分享你的聲音時，你便釋放出宇宙的某些東西，召喚了自己遺失的一部分回家。你的聲音是地球上最強大的聲音，如果你讓靈魂的聲音保持沉默或壓抑，吟誦或歌唱可能會真實改變你的生命。

　　當我們蛻去人格的層次，並開始讓自己獨特的靈魂透過我們說話，我們會發現事實上我們擁有非常清晰的訊息渴望分享。我們說得越多，那訊息就越清晰。

　　在歷史上從未有比此刻更好的時機。請你起身，說出你的真實，分享你靈魂的聲音吧。如果你感到害怕，要知道你並非孤單一人，而世界需要你獨特的聲音來實現和諧；當我們每個人都起身分享我們的歌，這會讓後人更加容易。

### 啟動內在光能：行動

表達你自己。分享你的聲音。

向那些能聆聽你的人說話。

△

# 玫瑰姊妹會
# SISTERHOOD OF THE ROSE

美與奉獻、女祭司、神秘主義者、老師。

玫瑰姐妹會是由女祭司和神秘主義者組成的世系傳承，他們奉獻一生服務人群，同時在地球上散播光明意識，是一個橫跨世代的古老世系，是一條奉獻與美的道路。

走這條路意味著無論去到哪裡，都要致力於看見與創造美麗。玫瑰象徵著萬物眾生的心與神聖幾何。你被提醒要留意身旁的美，尤其是大自然中的

美，並去聆聽大地之母在你耳邊輕聲訴説的低語。

　　你被呼喚花更多時間待在大自然中，因為所有古老的秘密都留存在那裡。大地之母在持續吐露她的絮語；請花些時間欣賞她的創作，你將獲得洞見與恩典。

　　你被要求多花一點時間留意周圍存在的美，以及用自己的方式為這個世界的美做出貢獻；這可以透過你的創作，也可以透過一些小事，例如挑選鮮花妝點你的家；每次你奉獻時間創作美的事物時，就會讓這個星球變得更加和諧，而你可以感受到這麼做在頻率上所產生的變化。


### 啟動內在光能：行動
讓自己周圍充滿美的事物，並且
在你所到之處創造美。

SOUL FAMILY
Call in your tribe. You don't have to do it alone.

△

# 靈魂家族
## SOUL FAMILY

呼叫你的部族,你不需要獨自去做。

　　這是呼叫你的靈魂家族以及支持團隊的時候了。那些在靈魂層面瞭解你的人、那些和你一樣古怪的人、那些你選擇的家人,他們即將到來,而他們也正在尋找你。

　　如果你還未找到他們,這是他們就近在咫尺的徵兆。但為了使他們找到並認出你,你必須停止隱藏自己的光,並且讓自己真正地被看見。

如果你已經找到他們，請允許他們支持你，或是集結一個更大的支持團隊。你的支持團隊可以由各種不同的人所組成，例如諮商師、教練、導師或治療師，依你現在需要的支持是什麼而定。

### 啟動內在光能：行動
現在就召喚你的支持團隊

△
TAKE A BREAK
A life's work, not a season. Get off the treadmill.

# △
# 休息一下
# TAKE A BREAK

這是一生而非一時的工作。從單調的例行事務
中抽身。

　　休息一下，享受你的成果是可以的。請從忙碌
的行程裡撥出片刻，從生活的例行事務中抽身。在
著手進行下一件事前，欣賞並認可你所創作的、達
成的、釋放的或經驗到的所有事物；留在當下，享
受你所在的位置。喘口氣，重整你的頭腦、身體與
靈魂；重新校準、欣賞和慶祝，決定接下來你真正

想要體驗的是什麼。如果你花一點時間，就不會錯過。

　　或許你剛完成一個大計畫、在生活中顯化了某件非常重要的事、剛放掉了一種老舊的生活方式，或正忙碌地蠟燭兩頭燒。因此，現在是你趕往下一件事之前，先撥出一點時間的時候。你做到了！請盡情享受並重整自己，例如去度個假、預約按摩療程、在大自然中漫步、外出度過一個充滿活力的週末，藉此來充電回復活力。

### 啟動內在光能：行動

休息一下，喘一口氣。

△

牌組四
# ACTIVATION
# CARDS
啟動卡

△

# 光的紀元
# THE AGE OF LIGHT

你已為此接受了好幾世的訓練。

　　神秘學家和聖人早已預言了這個時代,而你決定在這其中轉世;毫無疑問地,你注定身處在這個巨變的時期。

　　如果你曾對這條召喚你的道路感到措手不及或驚懼不已,要知道:你已經為此準備了很多世。你的生命遠比此生經歷的歲月還要悠遠,而你也包含了所有的前世;所有的經驗都將你的靈魂拋光塑造

成最光輝壯麗的表現，也就是你的真實自我。

　　你的靈魂有許多面向。想像一個指紋，你的靈魂比那個複雜百萬倍；如果你把所有自己前世的指紋放在一起，你將難以想像自己是多麼獨特的存在。

　　你帶著一個清楚的靈魂計畫而來，帶著超齡的智慧而來。這是你內在渴望被看見的部份，也是你內在準備好挺身而出的部份，它已經準備好顯現出來了。

　　這不是用來躲藏隱匿的一生，而是要向前邁進，為大眾所見並起身行動的一生。


### 啟動內在光能：啟動

將牌卡拿到心的前方，並說：

「我呼喚前世所接受的靈魂天賦和靈性訓練。

我已準備好毫不猶豫、無所畏懼地將其顯現。

我已為此接受了好幾世的訓練。」

ANNA, GRANDMOTHER OF JESUS

Seeding the light. Laying foundations. Divine plan.

△

# 耶穌的祖母，安娜
# ANNA, GRANDMOTHER OF JESUS

播下光的種子、奠定基礎、神聖的計畫。

　　耶穌的祖母安娜是一位古代的神秘主義者，她奉獻其一生為基督意識貫穿所有生命立下了基礎。她並非廣為人知，但若沒有她，基督意識將不會如今日這般興盛。

　　安娜體現了沉默的奉獻精神，這有時需要過著一種服務的生活。她代表了前人種樹的世代，他們奉獻生命使夢想中的新世界成真，也知道他們將不

會親眼看到光輝的結局；她也代表了忠誠的士兵、無條件付出的母親，以及能看見那貫穿一切生命線索的神秘主義者。

安娜教導我們，我們全都是神聖計畫的一部份，不見得要在世界的舞台上搶眼奪目；一個人的角色並不比另外一個人更有價值。某個人的角色可能是成為孩子們的母親，另一個人的角色可能是每個月召集一次女性圈的聚會；沒有誰比較優越或低劣，更加重要或較不起眼。我們每個人內在都有轉世來此所要分享的光之種子。安娜正在召集我們所有人憶起，並臣服於我們自己的計畫。

## 啟動內在光能：啟動

將牌卡拿到心的前方，並説：

「親愛的安娜，謝謝妳為神聖的計畫立下基礎。

願我內在的光之種子能夠顯現，

也願我臣服於自己的神聖計畫。」

△

# 覺醒
# AWAKENING

能量升級、新的存在方式、整合。

你正在經歷一段覺醒的時期，你的內在及許多
層面都在發生改變；你開始憶起古老的真相，並且
發現更多有關於你是誰，以及你為何轉世來此的原
因。

你可能發現自己經驗了前世的影像閃現，看見
貫穿人生的無形線索，或甚至感覺到昆達里尼夏克
媞（Shakti）從脊椎的底部升起。

　　此時最重要的事情是不要過度思考，並且保持扎根。在你有意識的整合這些經驗時，可與靈性相近的人分享這些經驗；記錄並留意你的夢境。你正在憶起，而你的靈魂天賦正在浮現。

　　在這段蛻變與覺醒的時期，你可能被要求投入服務。有許多想法、真相、概念、書籍和創作等待誕生在這個世界，請保持敞開的狀態接收它們。抽到這張牌可能意味著你的存在是為了將某種創作帶到這個世界上，或是為了提供你的服務，你被指引要在生活中做些改變。不要考慮太多，只要重複以下的「啟動內在光能：啟動」步驟即可。

## 啟動內在光能：啟動

將牌卡拿到心的前方，並說：

「我臣服於自身的覺醒。

我允許夏克媞的能量從脊椎的底部升起。

我開放讓宇宙以使我的頭腦、

身體及靈魂感到愉悅的方式來運用我。」

△

# 誕生新時代
# BIRTHING A NEW AGE

誕生新創作、夢想一個新世界成真。

　　屬於我們的道路，經常是那一條我們覺得自己沒有準備要走的路；無論如何，就踏上它吧。躍升出來的靈感經常感覺遠比我們所能承受的還巨大；無論如何，承接它吧。通常我們的創作似乎擁有一個狂野、無法控制的意識；無論如何，誕下它吧。通常我們要去做的，就是我們最害怕的；無論如何，鼓起勇氣去做吧。我們正在誕生一個新時代。

　　此刻，我們身處世代之間的過渡階段，在允許

舊的循環殞落、新的循環升起的過程中，感覺就像在濃霧之中駕駛。信任道路會在前方展開，請以直覺為羅盤，釋放不再有益於我們的舊身份及生活方式。

你是靈魂群體的一員，曾轉世在幾段重要的歷史時期，並為現在這個時期做準備。夢想一個新的世界成真吧，這裡會有：抹大拉（Magdalene）的姊妹、愛西斯（Isis）的女兒、厄色尼（Essenes）、女祭司、女巫、神秘主義者、療癒師、先知、藝術家、助產士、靈視者、地球守護者，以及來自過去的說書人。

現在是對於我們內在那呼求想要誕生的新事物，給予允許和空間的時候。我們正在夢想一個新世界成真。

## 啟動內在光能：啟動

將牌卡拿到心的前方，並說：

「我開放自己臣服於那些想透過我而誕生的創造物。
願我以能使我的頭腦、身體和
靈魂快樂的方式提供服務。
請使用我、請帶領我、請為我指引道路。」

△

# 光之議會
# COUNCIL OF LIGHT

神聖的編排、精微世界中的協助者。

　　光之議會是一個由慈愛的生命體所組成的團隊，他們在此協助提升這個星球的意識。他們來這裡協助你達成靈魂的任務，並且一路隨時指引著你；然而，因為我們生活在自由意志主導的世界，如果沒有你的允許，他們便無法為你提供協助；如果你需要他們的幫助，此刻正是時候。

　　他們會回應你的各種請求——舉足輕重或微不

足道的都可以。把他們想成是你靈性領域的私人助手團。他們很樂意並已準備好前來工作；你需要什麼樣的幫助？你想要委託他們什麼樣的任務呢？

　　光之議會是一個揚升大師、光之生命體、天使還有指導靈的團隊，致力於提升地球與全體人類。如果你是一位光之工作者，你所接收的個人任務就是來自於他們。就像一個靈性世界的聯合國，他們非常感謝你從事這個工作，並為了提升這個星球貢獻你的生命。

　　請向他們祈求有關你個人任務的明晰和指引。提出你的請求，讓他們開始工作吧。


### 啟動內在光能：啟動

將牌卡拿到心的前方，並說：

「光之議會，我準備接受祢們的協助，

以完成我個人道途的使命。

感謝祢們用清晰的步驟指引我，

並為我送來協助者以及讓我的心智、身體

與靈魂快樂的經驗。」

## △
# 大匯聚
# THE GREAT GATHERING

### 集結成群、直覺的靈感、靈魂部族。

你被要求讓直覺引導你的實際行動。你與一個靈魂群體連結在一起，他們編織著包圍地球的網；當你旅行還有分享你的創作時，某些事物就被重新編織了。這張牌卡認定，你若不是受到召喚去與其他在靈魂層面和你相仿的人們連結，就是你已經與他們連結上了。你受到指引去聚集一群人，可能是去領導他們，或是成為這個團體的一員，他們可以

支持你以及靈魂的個別任務。

你是一個靈魂群體的成員，在歷史上的此刻來這裡療癒你自己、你的家族以及這個星球。為了讓我們在未來的時代，得以繼續把這壯闊美麗的地方當作家園，我們需要提升意識。你就是眾人之中有意識地選擇奉獻生命在比自己更大事物上的其中一員。

現在是藉著發出靈魂的聲音並允許自己被看見，來召喚部族成員的時候。當你分享對你而言真實不虛的事物，你就分享了自己最需要的良藥，而那些與你相同的人們會匯聚而來。你就是你的部族；他們就跟你一樣。就如同你在盼望找尋著他們，他們也在盼望找尋著你。


### 啟動內在光能：啟動

將牌卡拿到心的前方，並說：

「我選擇現在讓我自己被看見。

我已準備好召喚我的靈魂部族，

並共創一個遍佈此星球的光之網。」

# △

# 伊姆拉瑪
# IMRAMA

## 你正被召喚前往何方?

　　凱爾特語伊姆拉瑪(Imrama)意指靈魂的旅
程:一個我們不知道目的地的航程,但我們的靈魂
知道方向。如果你抽到這張牌,你若不是被召喚踏
上一段靈魂的旅程,就是已經在路上了;這可能是
要前往一個古老的地方,也可能是一種隱喻。

　　當我們來到靈魂記憶中的地方,改變就會發生
──這個改變既在我們內在,也在這個星球上。你

被召喚前往一個對你的靈魂而言神聖的所在。或許是要前往世界各處的聖地，或被召喚在各國家穿梭、攀爬高山、躺臥在沙漠上，或啜飲古老的井水；你有很多可造訪的地方，也有許多可相會的故友。我已預見了你未來的朝聖之旅。

　　如果實際的旅程難以成行，那就透過心的門戶旅行吧。去跟隨無形的靈魂徵兆以及你探索的渴望；也許是閱讀有關於神聖的時間或地點的一本書或一部電影；或者，你被召喚去研究一個古老的傳承或作品。無論你身在何種環境，你的靈魂已準備好進行深度的旅行。

### 啟動內在光能：啟動

將牌卡拿到心的前方，並說：

「願許久以前種下的光之種子開始生長。

我準備好憶起我的靈魂在過去所知、

來自各地的古老秘密。

願我為我的靈魂所服務過的古老傳承所支持，

並記得我無須獨自一個人去做。」

KEEPERS OF THE EARTH

You are not alone. Ancient ancestors stand beside you.

△

# 地球守護者
# KEEPERS OF THE EARTH

你並不孤單,古老的祖先就在你身旁。

　　你是備受支持的,你並非獨自一人。無論在這個世界和地球上,你都擁有一支陣容浩大的助手團隊,他們會一路相隨來協助你;請求他們提供協助吧!他們就是來此幫忙的。

　　地球守護者認可你所完成的工作,並且準備再透過你來工作。他們向你頂禮,感謝你願意為他們挺身而出,以獨特的方式致力於保護地球。

現在，你在物質世界裡接受幫助的能力需要強化。這可以是財務上的豐足、來自陌生人的服務，或是一群人合作來為你和你的工作提供幫助；此時唯一阻礙你的是接受支持的能力。你值得從你的工作中得到回報，而你不需要獨力完成，請召喚地球守護者來協助你以及你的任務。敞開你的心和頭腦，開始接收超乎想像的事物吧。

你需要什麼樣的支持？現在就請求它吧。

### 啟動內在光能：啟動

將牌卡拿到心的前方，並説：

「我開放自己接受生活和工作上嶄新的支持，

我現在就召喚它（這裡加入其他具體的請求）。

感謝，感謝，感謝。」

△

# 光之柱
# PILLAR OF LIGHT

你的振動在提升中，你就是神諭。

　　你是天堂與地球的完美呈現，是天堂之光通往地球的管道，你是彩虹橋。

　　請花一點時間冥想。想像你是一個連結上方天堂之光以及地球的光之柱，當光穿透你的每一個脈輪，你便啟動了那許多古老經文中曾傳頌的彩虹橋；提高你的振動和地球的振動，將宇宙的更高國度、指導靈、天使和精靈、古老智慧守護者及地球

上的生命體聯繫在一起，讓祂們透過你共舞。

　　祂們透過你歌唱；沒有你的身體、聲音和創作，祂們就無法被表達。長久以來，我們一直以為神在我們之外，將自身的力量授與了天使和指導靈；但沒有了你，祂們也無法發聲。

　　你就是神諭。不要向外尋求指引，因為在心的門戶中，你擁有一切宇宙的智慧，它們在你身體的每一個細胞之中。不要將天使或指導靈視為在你之上的事物，因為沒有你，祂們也找不到溝通的方法。你才是神諭，你是彩虹橋，你是光之柱。

## 啟動內在光能：啟動

將牌卡拿到心的前方，並説：

「現在我允許天堂的光與地球的光透過我流動。

我啟動在我的細胞及脈輪之中的記憶密碼。

我啟動我的系統，

成為天堂與地球之間的彩虹橋。」

## △

# 保護
# PROTECTION

召回你的力量、切斷乙太索、靈魂復原。

　　你被提醒保護你的能量，並召回自己的力量。願所有失落的碎片在此刻都能歸返。看看是誰及什麼事物耗竭了你的能量。別一直開著你的視窗分頁，每晚都要讓自己保持能量的關機。

　　乙太能量索會在人、地點、物品和事件之間形成，因此持續的檢視是很重要的。你的能量和能量空間很神聖，所以也要好好對待它們。

　　保持能量的純淨需要費一番功夫。當我們面對生活時，我們可能會交出自己的力量；重要的是，你可藉由切斷能量索，或是施行一種稱為「靈魂復原（Soul Retrieval）」的療法來召回力量。

　　你能否想到一個創傷事件、人際關係或靈魂記憶，它正在指引你要從中取回自己的力量？現在掃描你的身體，看看哪一個脈輪感覺需要一些能量上的淨化。

### 啟動內在光能：啟動

將牌卡放到需要淨化的一個（或數個）脈輪上，
重複以下的文字：

「現在我召喚所有遺失的靈魂碎片、力量或光。

任何來自過去或現在、前世或今生，

不屬於眾生最高福祉的誓詞、靈魂契約、魔法

或計畫，我現在都予以捨棄。任何我

曾在同意或不同意之下給出或被取走的力量及光，

此刻我召回它們。任何來自此生或前世的

能量索或依附關係，現在我為眾生的最高福祉

將它們釋放。就是如此，就是如此，就是如此。」

△
TRANSFORMATION
Things are changing at a cellular level. Deep healing.

# △
# 蛻變
# TRANSFORMATION

細胞層面正在發生改變、深度的療癒。

細胞層面正在發生改變。你並非一年前的自己，也不是你即將成為的人；你介於兩者之間，展露著新生，半分興起，半分衰落。你正在蛻變，請繼續手上正在進行的工作。

回顧這段時間時，你將大感驚嘆；原來有這麼多的事情發生在你的內心和細胞層面中。而現在，該放掉那些將你困在「戰鬥──逃跑──凍結」的

舊生活模式了。選擇一個新的生活方式，讓創傷不再是驅使你的力量。過往的童年模式正在浮現並尋求療癒。當你允許自己觀察，並且不帶執著地感受它們，它們便會鬆開和脫落。你正受到召喚去尋找安撫自我的新方式。

土星、黑色聖母（Black Madonna）和非洲女神奧湘（Oshun）影響了這張牌。土星代表了破壞與蛻變；黑色聖母代表著隱藏以及所有被拋棄的事物；奧湘則代表了原始母親的溫柔之愛。現在一切正在重編改寫，進行最深度的療癒中；當你處在這個階段，不要讓自己為求表現而承擔壓力。

你可能需要檢視自己與身體的關係，甚至要改變你的飲食習慣或運動方式，或得到能量治療的支持。你可能也需要考慮某種情感支持，因為來自童年的問題可能會浮現並尋求療癒。你正被深深地愛著。

### 啟動內在光能：啟動
將牌卡拿到心的前方，並說：
「我允許自己接受最深的療癒及蛻變，
使改變在細胞層面上發生。」

△

# 掙脫
## UNBOUND

釋放靈魂模式、契約和前世。

現在是放掉在你生命中反覆播放的靈魂老故事的時候。現在它們浮現來尋求治癒，此時正是清理這些模式最安全的時機。

去看看那些你準備要放掉的生活模式。你的靈魂立下的古老誓言和契約，像是保持靜默、守貞或是清貧的誓言，都有終止的期限。現在是從這些誓約裡掙脫的時候；在這一世，你要從前世的創傷中

釋放自己。

　　哪些舊的生活方式已經到期了呢？當你辨識出它們並對其宣告，它們就會停止控制你。在認出這些舊模式時，去承認它們至今是如何服務於你也很重要。例如，有一個把自己的格局做小的靈魂模式，是來自於害怕被看見或不敢表達自己的意見，但它也是出於想保護你的前提下在服務你。為了成長，現在你需要透過接受和請求幫助，來融解這個模式。

　　現在，是你從那些不能再持續下去的舊生活方式中掙脫的時候。


## 啟動內在光能：啟動

將牌卡拿到心的前方，並說：

「我釋放那些與我此生想要成為的人不再相符

的靈魂老故事、誓約、協議及模式。

我帶著所學、成長和天賦，

但我選擇不再生活在相同的故事中。

願我不受束縛、不受束縛，永遠不受束縛。」

△

牌組五
# TRANSMISSION
# CARDS
傳送卡

AKASHA

Your guidance is divinely guided.

# 阿卡莎
## AKASHA

你收到的指引是受到神聖引導的。

阿卡莎（AKASHA）紀錄存在於第五次元及靈魂圖書館中。所有的靈魂契約、歷史、天賦、課題，還有更多的事物都存在這裡。我們每個人都能造訪這些過去、現在、未來的訊息，並且在任何時候都能運用它。

雖然我們有自由意志，但是在我們生命的時間軸上，仍然有一些預定好或預先計畫的時間點——

是在轉世前所立下的靈魂契約或協議。這可能是你選擇工作的公司、計畫建立的關係，或者是你同意指導或幫助的人。無論是什麼，請瞭解那是來自神聖的指引，並且絕不會與你擦身錯過。

如果你在等待一個繼續進行的徵兆，那麼這張牌卡就是了。你正在活出靈魂旅程的重要篇章，而且你目前就處在你需要的地方。這的確非常令人興奮。

現在是呼喚協助者支持你的時候──包括在物質的領域和靈性的世界中。請相信已經到來的徵兆；記錄你的夢境，留意任何感覺或接收到的意象，因為你正在運用阿卡莎的智慧，而你已得到授意繼續進行。

### 啟動內在光能：傳送

將這張牌卡放在心前，並説：

「我敞開自己接收阿卡莎的智慧。

現在我準備好下載任何來自我靈魂紀錄的訊息，

以我與一切眾生的最高福祉為目的！

感謝、感謝、感謝。」

△

# 列木里亞
# LEMURIA

在地球創造天堂，這正在發生。

列木里亞或姆（Mu）是地球失落的大地之一，在那裡天堂真的就在地球上，是我們被趕出伊甸園之前的一段時光。在列木里亞，生命和諧地運作，所有的生命體不分高低被同等看待，而我們對地球之母深深地虔敬，我們知道蚊蟲不比我們低劣，而太陽亦不比我們尊貴。

也許你也相信天堂真的可以在地球上；也許你

是轉變團隊的一員，正致力於在地球創造靈魂層面上的和諧。感謝你願意從事這個工作。

你現在很容易被地球上的種種事件所淹沒，但我們鼓勵你保持對未來的清晰願景；它比你想像的還要接近。

你可能被引導在所屬的社區、家庭、職場或自己的內在維持列木里亞的頻率；要知道這是可能的，即使有時你會覺得自己很孤獨，但你真的不是。有成千上萬的人握有這個古老失落大陸的密碼，甚至擁有開啟記憶密碼的列木里亞水晶，它們正開始在世界各地出現。

請繼續你正在做的事，並且記住：唯一療癒我們週遭世界的方式，就是先療癒我們自己。

### 啟動內在光能：傳送

將這張牌卡放在心前，並說：

「我握有列木里亞的密碼，並且
深信天堂真的可以存在地球上。」

# △
# 參宿三星人
# MINTAKAN

### 渴望回家、歸屬、初始的光之工作者。

　　參宿三星人是來自獵戶座其中一顆星球的靈魂群體。他們是最早開始來到地球的星際生命體，被認為是最初的光之工作者。人們認為參宿三星人的故鄉是一個水世界，那裡的水非常純淨，甚至可以在水中看見幾英里外的地方。因此，參宿三星人在澄澈透明的水中或周圍時，最感到平靜和自在、不受拘束。他們在此教導我們看見萬物的潛能，以及

一切生命體內在的光。

　　許多參宿三星人對「回家」有一種出乎尋常的渴望，且因有著不屬於這裡的感覺而受苦。人們認為這是由於他們的故鄉星球已經不復存在。如果你抽到這張牌，它可能表示你是參宿三星人，或渴望一種歸屬感，或是需要療癒你的海底輪來感受到保護及安全感。

　　或許你感受到自己這種想找到家的渴望，卻不知道家在哪裡；或許你常常搬家，在地球上尋找著一個感覺屬於你的地方。若是如此，你正被召喚與大地之母連結，去為自己創造一個家；去選擇一個讓你最有家的感覺的地方，並且創造它，而非被動等待著歸屬感到來。


### 啟動內在光能：傳送

將這張牌卡放在心前，並說：

「我允許自己真實的在這裡，在這個星球的家中。

我釋放所有不屬於這裡的痛苦或不被支持的

感受，並且召喚一個完美的家園。」

△

# 昴宿星團
## PLEIADES

雙重任務：傳導和提升人性。

昴宿星人是一群星際生命體，致力於提升這個星球的振動，並且透過創造及科技，分享新的意識。他們在人類存在初始時就開始轉世到地球上。

你是具有雙重任務的靈魂：在個人靈魂層面上成長，並且提振地球的頻率。如果你受到召喚去寫作、演說或是領導，這是要你繼續這樣做的徵兆！你的工作受到神聖的指引。在所有的靈魂中，昴宿

星人是最健談的，也許你已經開始將一部分的工作
傳導到第三次元了。感謝你為這個偉大的計畫所做
的貢獻，你的存在以及獨特的光是備受需要的。


### 啟動內在光能：傳送

將這張牌卡放在心前，並說：

「我呼喚至高境界的昂宿星意識

以及人類的最高福祉來透過我工作。

讓我成為源頭本質最純淨之光的通道。

讓我以符合我益處的方式進行傳導。」

△

## 成為啟動內在光能神諭卡解讀師

　　如果你想要精進自己解讀牌卡的經驗以及直覺力發展，並成為一位合格的啟動內在光能神諭卡解讀師，我邀請你進行啟動內在光能神諭卡的官方認證。

更多有關成為啟動內在光能神諭卡解讀師的資訊，

請至：

**www.rebeccacampbell.me/oracle**

（此為國外英文網站）

# △

# 關於藝術家

　　丹妮爾・諾爾（Danielle Noel）是一位跨學科的藝術家，她為靈性修煉者和追尋者創造了直觀的保健工具。她是國際知名的「星星小孩塔羅牌（Starchild Tarot）」和即將推出的「月亮小孩塔羅牌（Moonchild Tarot）」創作者，致力於透過她的創作幫助人們找到自己的光。她的獨特品牌融合了古老的知識、豐富的符碼和神聖的智慧。

　　她與伴侶、兩隻狗和一隻貓一起生活在加拿大英屬哥倫比亞的加比奧拉島（Gabriola Island）上。

 starchildtarot

 @starchildtarot

 daniellenoel.art

# △
## 關於作者

　　芮貝卡・坎貝爾（Rebecca Campbell）是一位著名的靈性導師，並且是暢銷書《光是新的時尚黑（Light Is the New Black）》（暫譯）和《起來吧姊妹站起來（Rise Sister Rise）》（暫譯）的作者。芮貝卡透過她熱情的創作，引導人們連結自己靈魂的獨特召喚，並以自己的存在照亮整個世界。

**f**   **rebeccathoughts**

**ⓞ**   **rebeccathoughts**

**🌐**   **rebeccacampbell.me**

起來吧姊妹站起來會員及社群網站：
**www.rebeccacampbell.me/sisterhood**

光之工作者的啟動內在光能課程及社群網站：
**www.rebeccacampbell.me/work-your-light**